INTRODUCCIÓN

Te compraste una guitarra …¿y ahora qué?

¡Felicidades! Qué bien se te ve agarrando esa guitarra, frente al espejo, haciendo playback con la radio, meneando las caderas. ¿Pero acaso no quedarán tus amigos y tu familia aún más impresionados si realmente puedes tocar el condenado instrumento? En tan sólo un par de semanas, te vamos a tener tocando unos temas muy conocidos, además de que improvisarás con algunos temas nuevos. Y para el final de este libro, a pasar a los éxitos — los Beatles, Clapton, Hendrix y mucho más.

Lo único que pedimos es que sigas estos tres puntos: **tener paciencia**, **practicar** y **avanzar a tu propio ritmo**.

No trates de hacer demasiado, y NO te saltes nada. Si te duelen los dedos, tómate el día. Si te frustras, déjalo y regresa más tarde. Si te olvidas de algo, retrocede y apréndelo de nuevo. Si lo estás pasando bien, olvídate de la comida y sigue tocando. Pero sobre todo, ¡diviértete!

SOBRE EL AUDIO

Nos da gusto que hayas notado el beneficio adicional de este libro —ipistas de audio! Cada ejemplo musical del libro está incluido en el audio para que puedas escuchar como suena y toques con el audio cuando estés listo. Escúchalo cada vez que veas este símbolo:

Antes de cada ejemplo en el audio hay un compás de «tictac» para indicar cuál es el tempo y el compás. Se utilizan también una variedad de guitarras y ritmos.

Mueve el ajuste de señal (*Balance*) a la derecha para oír la parte de la guitarra enfatizada; mueve el ajuste a la izquierda para oír solamente el acompañamiento. A medida que te sientas más seguro, trata de tocar la parte de la guitarra junto con el resto de la banda (el acompañamiento).

Para tener acceso al audio visite:
www.halleonard.com/mylibrary

Enter Code
2387-2378-3116-5075

ISBN 978-0-634-02380-4

HAL•LEONARD®

7777 W. BLUEMOUND RD. P.O. BOX 13819 MILWAUKEE, WI 53213

Visite a Hal Leonard en la dirección en Internet: **www.halleonard.com**

Contáctenos:
Hal Leonard
7777 West Bluemound Road
Milwaukee, WI 53213
Email: info@halleonard.com

En Europa, contáctenos:
Hal Leonard Europe Limited
42 Wigmore Street
Marylebone, London, W1U 2RN
Email: info@halleonardeurope.com

In Australi, contáctenos:
Hal Leonard Australia Pty. Ltd.
4 Lentara Court
Cheltenham, Victoria, 3192 Australia
Email: info@halleonard.com.au

UN BUEN PUNTO DE PARTIDA

Tú guitarra es tu amiga...

Una guitarra puede ser como una buena amiga a través de los años -te puede apoyar durante las broncas más difíciles y ayudarte a hacer que desaparezcan esos blues. De hecho, muchos guitarristas famosos le pusieron un nombre a su amiga predilecta de seis cuerdas. Willie Nelson llama a su guitarra «Trigger». B.B. King llama a la suya «Lucille», y Eric Clapton la llama «Blackie».

¡Qué belleza!

A continuación hay gráficas de una guitarra eléctrica estándar y de una guitarra acústica (cuerdas de acero) tradicional. Debes conocer bien las partes de tu guitarra, y no te olvides de ponerle un nombre.

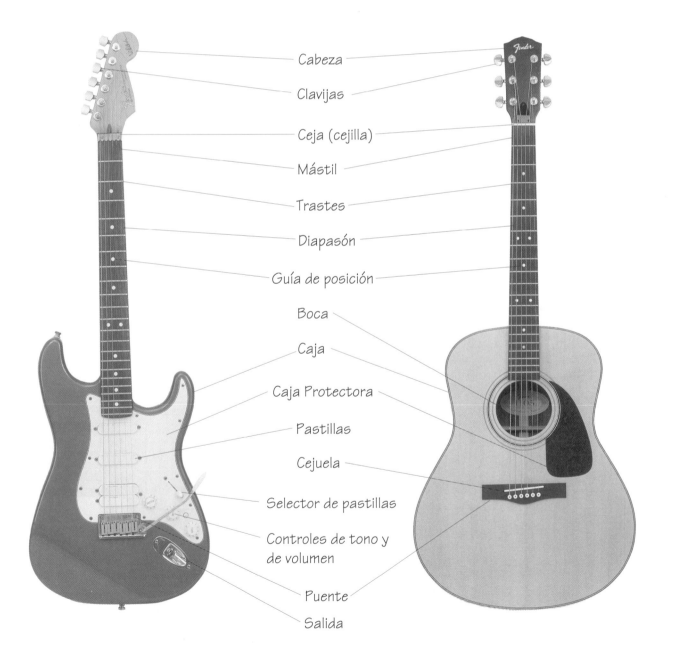

Cabeza

Clavijas

Ceja (cejilla)

Mástil

Trastes

Diapasón

Guía de posición

Boca

Caja

Caja Protectora

Pastillas

Cejuela

Selector de pastillas

Controles de tono y de volumen

Puente

Salida

LA AFINACIÓN

Al afinar tu guitarra, corriges la altura de sonido de cada cuerda. La **altura de sonido** se refiere a cuán aguda (alta) o grave (baja) es una nota musical. Para ajustar la altura de sonido, se tensa (o se afloja) la cuerda usando las clavijas de la cabeza de la guitarra. Cuanto más tensada la cuerda, más alta la altura de sonido.

Las seis cuerdas de tu guitarra han de estar afinadas **Mi, Si, Sol, Re, La, Mi.**

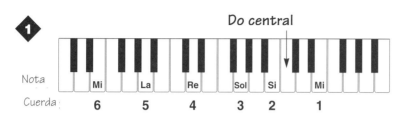

OJO: Tensa las cuerdas lentamente y no mucho, o ¡verás como de pronto regresas a la tienda para comprar nuevas cuerdas!

La afinación con el piano

¡No, no vas a afinar todo un piano! Si tienes a la mano un piano o un teclado eléctrico, toca las notas arriba una por una y afina la cuerda de la guitarra que corresponda hasta que la altura del sonido sea igual a la del piano.

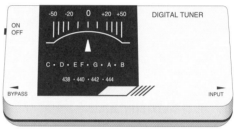

Afinador eléctrico

Si no cuentas con el lujo de un piano o un teclado, es posible que quieras comprar un afinador de guitarra eléctrico.

Un afinador «escucha» cada cuerda cuando la toques y indica si la altura de sonido es demasiado aguda o grave.

No te desesperes...si no tienes piano y no puedes comprar un afinador, existe aún otra solución:

La afinación relativa

Para afinar tu guitarra al oído, las cuerdas tienen que estar afinadas entre sí. Se logra esto de la manera siguiente:

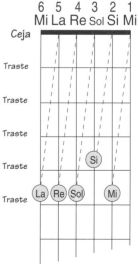

  1 Si suponemos que la cuerda 6 ya está bien afinada para dar la nota Mi, presiona la cuerda 6 en el traste 5, luego pulsa la cuerda 6 al mismo tiempo que la cuerda 5 al aire. Cuando los dos sonidos emitidos coincidan, las cuerdas estarán afinadas.

2 Presiona la cuerda 5 en el traste 5 y afina la cuerda 4 al aire hasta lograr el mismo sonido.

3 Presiona la cuerda 4 en el traste 5 y afina la cuerda 3 al aire hasta lograr el mismo sonido.

4 Presiona la cuerda 3 en el traste 4 y afina la segunda cuerda al aire hasta lograr el mismo sonido.

5 Presiona la cuerda 2 en el traste 5 y afina la cuerda 1 hasta lograr el mismo sonido.

UNAS CUANTAS COSAS MÁS

...¡antes que toquemos!

Siéntate y quédate allí un rato...

Quizás la manera más cómoda de aprender a tocar la guitarra, y la que menos cansa, es estar sentado.

Una vez que hayas aprendido algunos temas, puedes sentirte libre de estar de pie, echarte en el suelo, o agarrar la guitarra como mejor te parezca. Pero de momento, no te esfuerces demasiado en eso, mejor échale ganas a aprender a tocar.

sentado

de pie

Favor de agarrar...

Agarra el mástil de la guitarra con la **mano izquierda**, y con el pulgar apoyado cómodamente en la parte posterior del mástil.

Mantén el mástil de la guitarra un poco inclinado hacia arriba -no hacia abajo, (por lo menos hasta que te encuentres en escenario frente a un público de miles de aficionados, cantando a todo dar tu solo).

Ten la púa en la **mano derecha** (cuando tengas más experiencia, podrás usar los dientes, a la Jimi Hendrix).

Posición de la mano izquierda (dedos)

Posición de la mano izquierda (pulgar)

Mano derecha (con púa)

No hay nada que te saque de onda aquí, así que no agarres el mástil de tu guitarra demasiado estrechamente (¡te va a doler la mano!).

Mira esto...

Las gráficas del diapasón representan una parte del diapasón y te muestran dónde tocar las notas y los acordes. Para indicar las notas que se tocan, se escriben los nombres de las notas en unos círculos que figuran en estas gráficas.

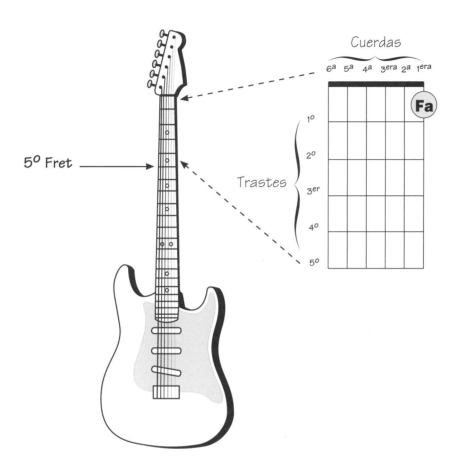

5º Fret

Cuerdas

6ª 5ª 4ª 3era 2ª 1era

Fa

1º

2º

Trastes

3er

4º

5º

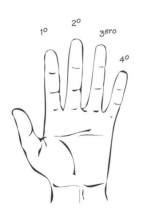

1º 2º 3ero 4º

Piensa que los dedos de tu mano izquierda están enumerados de 1 a 4.

dobla ↑

DOBLA LA PUNTA DE ESTAS DOS PÁGINAS

(...tendrás que revisarlas más tarde)

La música es una lengua con sus propias gráficas, estructuras, reglas (y excepciones a éstas). Leer, escribir y tocar música requiere un conocimiento de todos los símbolos y las reglas. Pero vamos a ver cada cosa paso a paso (unos cuantos pasos ahorita, y otros más adelante)...

Las notas

La música se escribe con unas cositas que se llaman **notas.** Estas notas tienen todo tipo de forma y tamaño. Una nota cuenta con dos elementos fundamentales: la **altura de sonido** (su posición en el pentagrama lo indica) y el **valor rítmico** (las figuras a continuación representan las diferentes duraciones):

o	♩	♩
redonda (entero)	blanca (media)	negra (cuarto)

La duración (o el valor) rítmica te permite saber cuántos tiempos (o partes) dura la nota. Típicamente, una negra vale un tiempo. Partiendo de aquí, todo se divide como las fracciones (¡tampoco nos gustan las matemáticas!):

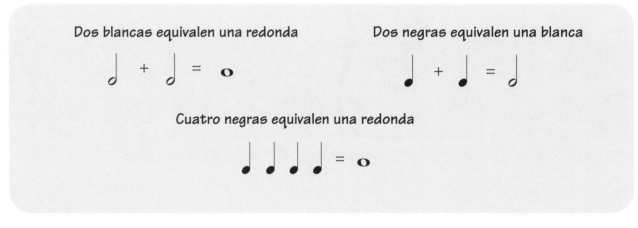

Dos blancas equivalen una redonda

Dos negras equivalen una blanca

Cuatro negras equivalen una redonda

El pentagrama

Todas las notas se escriben en un **pentagrama**, o cerca de uno, que consiste en cinco líneas horizontales y cuatro espacios. *Penta* = cinco (del griego). Cada línea y cada espacio corresponde a una nota diferente.

Las líneas adicionales

Como no todas las notas pueden caber en tan sólo cinco líneas y cuatro espacios, se usan las **líneas adicionales** para ampliar el pentagrama.

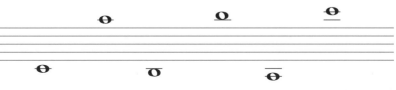

La clave

Un signo que se llama la **clave** indica qué notas figuran en un pentagrama determinado. Existe una variedad de claves en la música, pero sólo nos interes una por ahora:

Clave de sol

La **clave de sol** en un pentagrama organiza las notas en las líneas y los espacios de la manera siguiente:

Mi   Sol   Si   Re   Fa   Fa   La   Do   Mi

Es importante recordar los nombres de las notas de cada línea "**Mi Sol Si Re Fa**". Los espacios, en cambio, siempre son "**Fa-La-Do-Mi**".

Los compases

Las notas de un pentagrama están organizadas en **compases** que ayudan a saber en qué parte de la canción estás. (¡Imagínate lo que sería leer un libro sin puntos, ni comas o mayúsculas!)

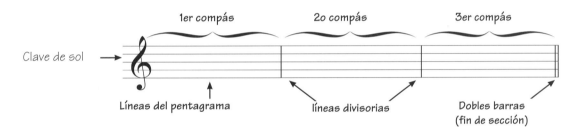

1er compás   2o compás   3er compás

Clave de sol →

Líneas del pentagrama   líneas divisorias   Dobles barras
(fin de sección)

Las cifras del compás

Los compases siempre se representan gráficamente mediante las dos **cifras del compás**. Estas cifras indican cuántas partes se verán en cada compás. El número superior indica cuántos tiempos habrá en cada compás, y el número inferior indica qué tipo de nota será equivalente a una parte.

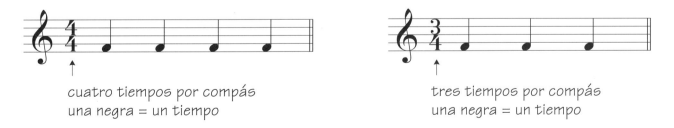

cuatro tiempos por compás
una negra = un tiempo

tres tiempos por compás
una negra = un tiempo

☞ **R**elájate un rato, lee todo de nuevo más tarde, y después, adelante.
(Confía en nosotros -conforme vamos avanzando en el libro, empezarás a entenderlo).

LECCIÓN 1

No te quedes sentado ahí, ¡toca algo!

Estamos afinados. Estamos relajados, cómodos, y tenemos ganas de tocar. Vamos al grano...

Como se vio en la página 4, la mano izquierda «selecciona» una nota al presionar una cuerda en un traste (el espacio entre las varillas que separan los trastes), mientras que la mano derecha «toca» esa cuerda con la púa. Tocar una **cuerda al aire** quiere decir que pulsas la cuerda sin presionar en un traste.

Cuerda 1: Mi

Olvídate de las de 2 a 6, vamos a centrarnos en la cuerda 1 de momento. Usa las fotos y las gráficas del diapasón a continuación para tocar tus primeras notas.

Si pulsas la cuerda 1 al aire, oirás la nota Mi. Esta nota se escribe en la clave de Sol así:

Mi

Pulsa la cuerda 1, presionando en el traste 1 con el dedo 1 y oirás la nota Fa. Esta nota se pone en el pentagrama aquí:

Fa

Presiona en el traste 3 con el dedo 3, pulsa y tocarás la nota Sol. (Puedes dejar el dedo 1 en el traste 1, si quieres). Ya lo adivinaste, la nota se representa de esta manera en el pentagrama:

Sol

☞ "¿Qué pasó con el traste 2?" Esa nota se llama Fa sostenido. Vamos a explicarte los "sostenidos" más tarde.

Aplícalo...

Tres notas en eso de tres minuto -no está mal, ¿no? Practica estas notas muchas veces usando los temas a continuación. (Si necesitas repasar los valores rítmicos y las cifras del compás, vuelve a las páginas 6 y 7).

❷ Mi–Fa–Sol

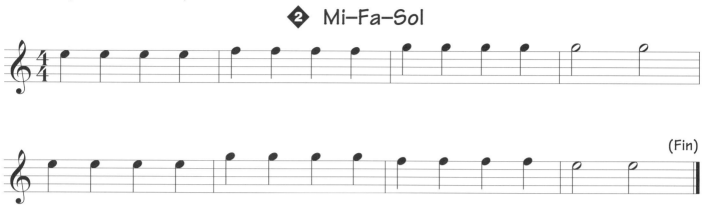

❸ Primera canción

Así como cuando lees un libro, sigues con la próxima línea de la canción cuando llegas al final de cada pentagrama. Pero, cuando veas este signo, (▤), verás que estás al final de esa canción.

La digitación, consejo no. 1: Cuando presiones en un traste, usa sólo la yema del dedo (¡no, hombre, no todo el dedo!), para que el mismo dedo no toque ninguna otra cuerda.

❹ Tres notas, estilo rock

No tengas miedo de repetir estos temas muchísimas veces, tocándolos más y más rápido cada vez. Después, cuando estés listo (y después de un bocado de la refrigeradora) pasaremos a la lección 2.

LECCIÓN 2
Avanzando ...

¡**B**ienvenido! Ahora sabes tres notas y tres canciones. Bueno, reconocemos que son aburridas, pero vamos a aprender tres notas más y mejores canciones.

SUGERENCIA: Toma unos segundos para volver a la página 3 y asegúrate de que tu guitarra siga afinada. (Si los vecinos empiezan a quejarse, ¡es probable que no!).

Cuerda 2: Si

Vamos a estudiar la cuerda 2 de la misma manera que hicimos con la cuerda 1 (sí, hasta nos vamos a saltar el traste 2 otra vez). La única diferencia será las nuevas notas que escucharás:

Pulsa la cuerda 2 al aire. Esa nota se llama Si, y se escribe en la línea central del pentagrama con clave de Sol:

Pulsa la cuerda 2, presionando en el traste 1 con el dedo 1 y escucharás un Do, que se anota en el primer espacio encima del Si:

Presiona en el traste 3 con el dedo 3 y escucharás un Re. Se escribe encima del Do:

 ¿**P**or qué nos saltamos el traste 2 otra vez? Aquí el traste dos es un Do-sostenido. Pero ya que insistes en preguntar, vamos a presentar los «sostenidos» en la lección 3.

Sigue aplicándolo...

Practica tus nuevas notas con este ejercicio breve:

❺ Si–Do–Re

Aquí tienes unos temas (por cierto, mucho mejores) para practicar tus seis notas. Que no te dé pena repasar las notas Mi, Fa y Sol antes de tocar.

❻ Canto a la alegría (estilo rock)

☞ **La digitación, consejo no. 2**: Cuando muevas los dedos de la cuerda una a la cuerda 2, trata de dejar que tus ojos adelanten al leer, y desplaza el dedo correcto a la cuerda adecuada, anticipando así la nota que vas a tocar.

❼ Blues para mi mascota

Acuérdate de mantener los dedos arqueados todo el tiempo (¡pero solamente mientras toques!).

8 Rock to My Lou

9 Rockin' the Bells

La digitación, consejo no. 3: Cuando toques una nota más aguda, que la nota más grave siga presionada. Por ejemplo, que el dedo 1 siga presionando Fa al mismo tiempo que el dedo 3 presione el Sol. De esta manera, cuando vuelvas al Fa, sólo tienes que levantar el dedo 3.

10 Saludos a Broadway

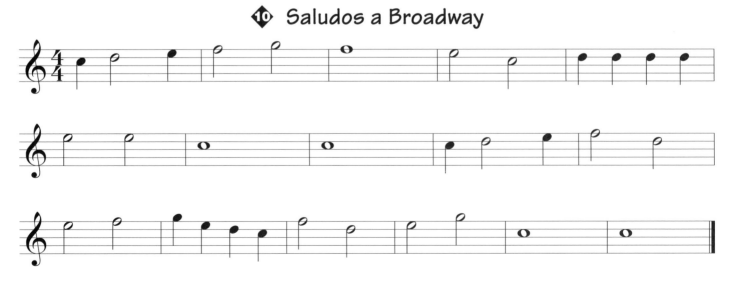

Si te duelen las yemas de los dedos, descansa tantito. Pero no te preocupe, cuanto más practiques, más rápido se te van a encallecer. (¡A poco creías que todo iba a ser fácil!)

UNAS NOTAS MÁS SOBRE LA MÚSICA
(...¡disculpen el juego de palabras!)

Antes de pasar a la lección 3, queremos hablarte un poco más acerca de la representación gráfica que se usa para la música.

Los silencios

Un **silencio** musical es un descanso. Al igual que las notas, los silencios también tienen valores rítmicos que te indican la duración del descanso, o por cuántos tiempos hay que parar:

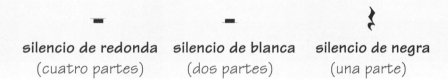

silencio de redonda   silencio de blanca   silencio de negra
(cuatro partes)   (dos partes)   (una parte)

En el siguiente ejemplo en compás de 4/4, tocarás Mi, Mi, silencio, Mi, silencio, silencio, silencio, silencio, Mi, Mi, silencio, silencio, Mi, silencio, silencio, Mi:

✦ Para un momento

IMPORTANTE: ¡Un silencio no quiere decir que relajes los dedos o que sueltes la guitarra!

Durante un silencio, debes seguir leyendo y tener los dedos listos para la próxima serie de notas a tocar.

✦ When the Saints Go Marching In

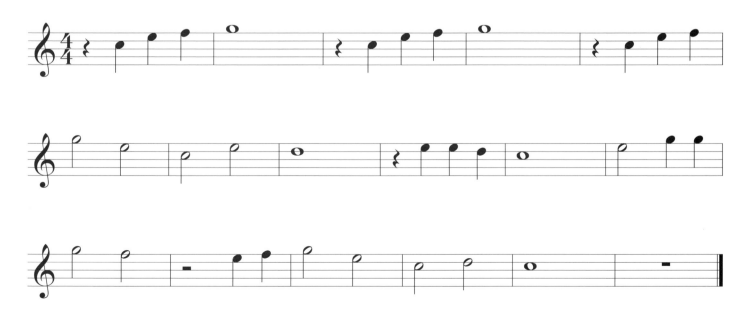

LECCIÓN 3
A la tercera...

Increíble -ya van seis notas. ¡Que rápido aprendes! ¿Qué te parece si vamos a otra cuerda? (Asegúrate de que siga afinada tu guitarra, si no, vuelve a la página 3).

Cuerda 3: Sol

La cuerda 3 es un poco diferente de las cuerdas 1 y 2. (Claro, ¡es más gruesa!) La cuerda 3 hace que el dedo 2 participe un poco, y esta vez vamos a saltarnos el traste 1...

Pulsa la cuerda 3 al aire. Esa nota se llama Sol, y se escribe en la segunda línea dela clave de Sol:

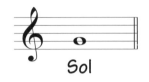

Si tocas ahora la cuerda 3, presionando el traste 2 con el dedo 2, oirás un la. Esta nota queda en el espacio entre el Sol y el Si:

☞ Sabemos que ya aprendiste otra nota llamada Sol en la cuerda 1, pero estas cosas pasan. En nuestro sistema de nomenclatura, todas las notas van a tener uno de los siguientes nombres: Do-Re-Mi-Fa-Sol-La-Si. (En el sistema de nomenclatura de los países sajones, se usan las letras del abecedario, que corresponden a nuestro sistema así: C-D-E-F-G-A-B).

Vamos a practicar con estas dos notas nuevas. (OJO: Con tan sólo dos notas, este ejercicio no es muy interesante. Espera un poco más...)

⟨13⟩ Ejercicio de dos notas

Sólo debes pasar a la página que sigue cuando te sientas seguro de haber aprendido estas dos notas...

14 Yankee Doodle

Acuérdate de practicar lentamente. Acelera el **tempo** cuando te sientas seguro de las notas.

15 Red River Rock

Si te hace falta, puedes dejar de agarrar la guitarra y sólo decir en voz alta los nombres de las notas que se ven en la canción. Luego, con la guitarra, primero busca y localiza las notas antes de tocar nada. Sobre todo, ¡diviértete!

16 Aura Lee

Descansa un rato, duerme, tal vez desayuna algo. Cuando regreses, repasa las lecciones 1, 2, y 3.

¡LOS SOSTENIDOS!

La música tiene **semitonos** y **tonos**. Cada traste de tu guitarra representa un semitono. Cuando en una canción se necesita que una nota sea más alta o más baja por solamente un semitono, se coloca un signo al lado de esa nota.

Un semitono más alto (más agudo) se llama un **sostenido** y se anota así: ♯

Un semitono más bajo (más grave) se llama un **bemol** y se escribe así: ♭

EXCEPCIÓN A LA REGLA: De un Mi a un Fa es sólo un semitono; de un Si a un Do es sólo un semitono. (Mira las teclas blancas de la gráfica del piano en la página 3).

Ya que solamente aprendiste dos notas en la Lección 3...

¡Te vamos a presentar a dos notas más, y las dos son notas sostenidas! Vuelve a las cuerdas 1 y 2 y échales un ojo.

En la cuerda 1, presiona en el traste 2 con el dedo 2 y vas a escuchar tu primera nota sostenida:

Fa♯

En la cuerda 2, presiona en el traste 2 con el dedo 2 y oirás un Do sostenido:

Do♯

Toca este breve ejercicio con tus nuevas notas sostenidas:

🎵 Yo puedo sostener dos...

> **Y** ahora sabes porqué te saltabas el traste 2 antes...
> En la cuerda 1 (Mi), un traste más alto que el Fa es un Fa sostenido.
> En la cuerda 2 (Si), un traste más alto que un Do es un Do sostenido.

18 Sostenidos rockeros

¡Qué ritmo! Por favor, práctica con paciencia antes de proceder. (¡Repítelo rápido cinco veces, tócalo rápido cinco veces!)

19 This Old Man

20 Private Eye Groove

¡Oye, mira para acá! ¡Mira la música, no a tus dedos!
(Tu cerebro ya tiene mucho que hacer, ¡no trates de memorizar los temas también!).

LECCIÓN 4
Un poco más grave ahora...

Vamos a ver qué has hecho: tres cuerdas, diez notas. A este ritmo ¿ya quien te detiene? Nadie, así que vamos a otra cuerda...

Cuerda 4: Re

Aprender la cuerda 4 es como aprender la cuerda 3 (nos saltamos el traste 1 otra vez), pero esta vez, verás tres notas:

Si tocas la cuerda 4 al aire tienes un Re, y se escribe debajo del pentagrama:

En el traste 2, con el dedo 2 sacas un Mi, que se coloca en la primera línea del pentagrama:

Presiona en el traste 3 con el dedo 3 para escuchar un Fa:

 **Re–Mi–Fa**

Ahora toca las nuevas notas Re, Mi, y Fa y después las viejas Re, Mi, y Fa. (¡No hace falta que te digamos dónde se encuentran!).

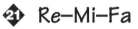 **Un solo nombre, dos notas diferentes**

☞ ¿Suenan similares? Los viejos Re, Mi, y Fa suenan a la distancia de una **octava** más aguda que las nuevas notas. Una octava significa que hay una distancia de ocho notas entre medio. Ya has aprendido dos otras notas que están separadas por una octava. PIENSA: la cuerda 3 al aire y la cuerda 1, traste 3.

18

Basta...¡vamos a tocar!

Toca el ejercicio a continuación con los nuevos Re, Mi y Fa (los que están en la cuerda 4):

23 Re, Mi, Fa (nuevos)

Ahora un tema que cambia entre las dos octavas:

24 Blues saltón

NO TE OLVIDES: La próxima canción está en compás de 3/4. Es decir, tres partes (negras) por compás. Si lo necesitas repasar, regresa a la página 7.

25 House of the Rising Sun

¡Qué ritmo!

¿Qué te parece una negra o una corchea (octavo)?

Una corchea tiene un corchete en la plica

Dos corcheas valen una negra, o sea, un tiempo. Para que sean más fáciles de leer, las corcheas se escriben con una barra que las unen.

Cuenta las corcheas dividiendo el tiempo en dos y usando la palabra «y» («1 y, 2 y, 3 y, 4 y»):

Practica esto primero contando en voz alta mientras sigues el ritmo al mover el pie con cada tiempo. Luego toca la nota mientras cuentas y mueves el pie con el ritmo.

¿Qué pasó con los silencios? ❖

Los silencios de corchea tienen el mismo valor rítmico que las corcheas, sólo que...hay silencio. Cuenta, mueve el pie, toca, y deja de tocar con los silencios a continuación.

Ahora intenta unas canciones que tienen corcheas y silencios. (¡Qué ese pie siga el tiempo!).

26 Riff rockero

Excelente. Pero no te quedes allí...

Los compases incompletos...

En vez de comenzar una canción con silencios, se puede usar un **compás incompleto**. Un compás incompleto sencillamente borra los silencios. De este modo, si el compás incompleto sólo tiene una parte, tú cuentas «1, 2, 3» y empiezas a tocar en el tiempo 4:

Inténtalo con estas canciones que tienen compases incompletos:

27 Snake Charmer

28 Amazing Grace

¡Fabuloso! Tócalas muchas veces. Recuerda, hay que practicar, tener paciencia y seguir tu propio ritmo.

Más semitonos...

Vamos a aprender dos notas más: otro Fa sostenido y un Si bemol.

Enla cuerda 4, que se despierte el dedo 4 y colócalo en el traste 4. Allí tienes tu nuevo Fa sostenido.

Fa#

En la cuerda 3, presiona en el traste 3 con el dedo 3. Éste es el Si bemol, que se anota en el pentagrama así:

Si♭

🔹29 Minué

☞ Un **signo de becuadro** (♮) anula el efecto de la alteración de una nota (el sostenido o el bemol) y el sonido vuelve a ser el original.

🔹30 Bach Rock

22

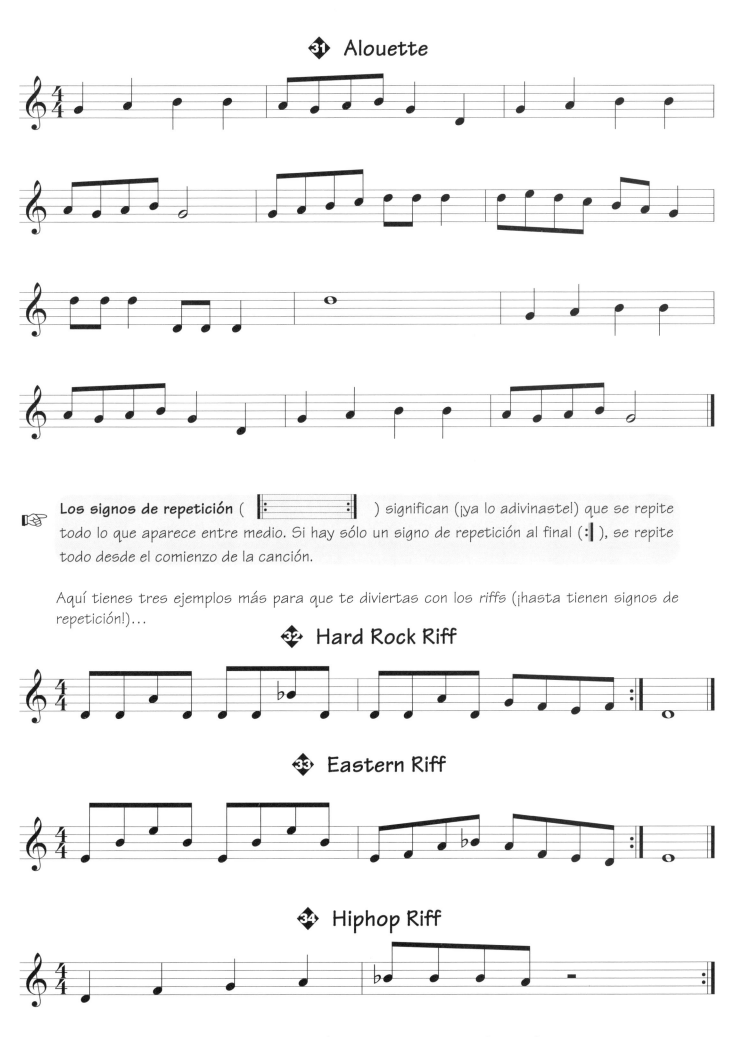

㉛ Alouette

☞ **Los signos de repetición** (   ) significan (¡ya lo adivinaste!) que se repite todo lo que aparece entre medio. Si hay sólo un signo de repetición al final ( ), se repite todo desde el comienzo de la canción.

Aquí tienes tres ejemplos más para que te diviertas con los riffs (¡hasta tienen signos de repetición!)…

㉜ Hard Rock Riff

㉝ Eastern Riff

㉞ Hiphop Riff

Los guitarristas nunca se mueren, sólo se desafinan. (Y tú, ¿estás seguro de que tu guitarra está afinada?)

LECCIÓN 5

Casi estamos...

¿Estás relajado? ¿Todavía afinado? ¿Listo para otra cuerda?

Cuerda 5: La

Toca la cuerda 5 al aire. La nota es un La. (¿Sabes dónde queda el otro La? RECUERDA: la cuerda 3). El nuevo La se escribe usando dos líneas adicionales:

La

Con el dedo 2 en el traste 2 de la cuerda 5 y suena un Si. (¿Puedes tocar el Si que está una octava más alta?) El nuevo Si se escribe debajo de una línea adicional:

Si

Presiona en el traste 3 de la cuerda 5 y allí tienes un Do. (¿Dónde está el otro Do que aprendiste?) El nuevo Do se escribe en la primera línea adicional:

Do

Practica los nuevos La, Si, y Do (claro que lentamente):

35 La–Si–Do

36 Corre, no camines

37 Invasión británica

38 Marinero borracho, rockero

39 Boogie Blues

☞ ADVERTENCIA: Si no has dormido desde la página 1, seguir ahora puede constituir un peligro para que te diviertas al aprender a tocar la guitarra. ¡Acuéstate!

¡TIENES RITMO!

¡Qué ligadura!

Una **ligadura** une dos notas y significa que el valor de la primera nota se une al valor de la segunda nota ligada:

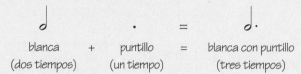

1   2   3   (4   1)   (2)   3   (4   1   2)   3   4

¡Es sencillo! Acuérdate siempre de contar en voz alta hasta que te compenetre y sientas el ritmo.

¡Las que tienen puntillos también son bonitas!

Otra manera de aumentar la duración de una nota es usar un **puntillo**. El puntillo aumenta la duración de la nota por la mitad de su valor. Muy común es la **blanca con puntillo** :

$$\text{blanca} \quad + \quad \text{puntillo} \quad = \quad \text{blanca con puntillo}$$

blanca   +   puntillo   =   blanca con puntillo
(dos tiempos)   (un tiempo)   (tres tiempos)

Encontrarás las blancas con puntillo en muchas canciones, especialmente en las que tienen un compás de 3/4.

40 Greensleeves

¡En un dos por tres! Observa las ligaduras y los puntillos a continuación...

41 Scarborough Fair

Y ahora, levántate por favor (pero sólo si tienes una correa de guitarra)...

42 Star-Spangled Banner

LECCIÓN 6
Y por último ...

¿Creías que nunca ibas a llegar a la última cuerda? Bueno, aquí la tienes, estás listo, vamos a estudiarla...

Cuerda 6: Mi

¡El chiste es que ya conoces esta cuerda! Es exactamente igual a la cuerda 1 (salvo que es más gruesa y suena a dos octavas más grave). Esto quiere decir que cada nota que aprendiste en la cuerda 1, te sirve también para la cuerda 6.

Sólo porque te gusta, toca la cuerda 6 al aire. Esa nota es la «Mi grave». Este nuevo Mi (el tercero hasta el momento) se escribe debajo de la tercera línea adicional:

Mi

(Ya te nos adelantaste). Presiona en el traste 1 con el dedo 1 y oirás el «Fa grave».

Fa

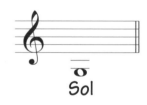

Sigue presionando el Fa, presiona en el traste 3 con el dedo 3 y sacarás un «Sol grave».

Sol

43 Ándale con la sexta cuerda

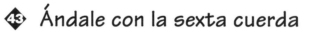

Qué buenas son las octavas...

Toca tus nuevos Mi, Fa, y Sol, y luego los primeros Mi, Fa, y Sol (en la cuerda 1)...

Ahora incluye los otros Mi, Fa, y Sol (en las cuerdas 4 y 3)...

SUGERENCIA : Deja que tus ojos se adelanten y lean las notas que vienen, anticipando así las notas que tocas.

◆44◆ Take Me Onto the Stage, Please

¡Fantástico! Pero ya que has aprendido las seis cuerdas, no hay quién te pare. Vuelve la página...

45 Olvida las problemas

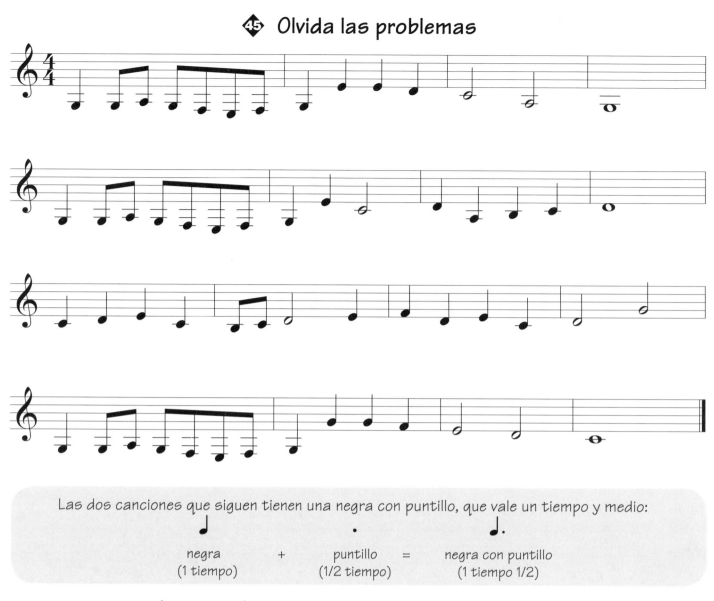

Las dos canciones que siguen tienen una negra con puntillo, que vale un tiempo y medio:

negra (1 tiempo) + puntillo (1/2 tiempo) = negra con puntillo (1 tiempo 1/2)

Escucha la próxima canción del audio mientras das palmadas con el tiempo. ¿Puedes sentir el ritmo de la negra con puntillo? Trata de tocarlas...

46 Más rock and roll

Híjole, ¡cómo se mueven esos dedos! («¡Y cómo se pueden enredar!») Practica, practica y practica más.

47 Battle Hymn of Rock

Bueno, no pasa nada …te vamos a dar dos notas más (las dos se tocan con el dedo 1)

Una octava más bajo que el Si bemol que aprendiste antes:

Sib

Otro bemol que se toca en el primer traste:

Mib

48 Minor Jam

¡Fantástico! ¿Quieres aprender a tocar acordes? Vuelvan a la página…

LECCIÓN 7

Miedo de pilotar solo...

¡**F**elicidades! Ya conoces las seis cuerdas. Este es el momento perfecto para hablarte de dos de las cosas preferidas de los guitarristas: los **acordes** y la **tablatura**.

¿Qué es un acorde?

Un acorde consiste en tres o más notas que se tocan simultáneamente. Escucha la banda 49 del audio para oír ejemplos de los acordes:

49 Sol – Mi menor – Do – Re 7

Es bueno saber lo que son los acordes. Por uno, si te da mucha mucha pereza tocar una melodía sólo, puedes sencillamente tocar los acordes de una canción mientras cantas la melodía.

Introducción a la tablatura («TAB»)

Como los acordes pueden ser un poco complicados, vamos a usar un tipo de notación musical especial que se llama la **tablatura**. La gráfica de la tablatura tiene seis líneas (los espacios no cuentan), una para cada una de las cuerdas. El número que se escribe en la línea indica en qué traste hay que presionar:

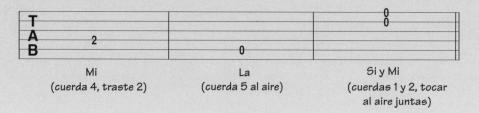

Mi	La	Si y Mi
(cuerda 4, traste 2)	(cuerda 5 al aire)	(cuerdas 1 y 2, tocar al aire juntas)

50 ¡Tab, tablatura!

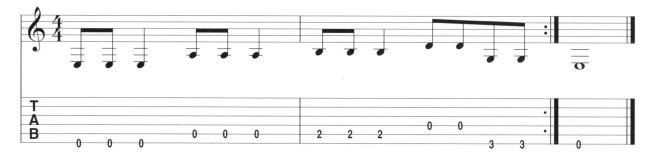

Vamos a meternos de plano a aprender los tres acordes **mayores** más comunes (te lo explicamos luego).

IMPORTANTE: Cuando toques un acorde, rasguea solamente las cuerdas que necesitas para formar el acorde (las otras no tienen nada que ver). Las **X** encima de la gráfica indican que debes evitar rasguear esa cuerda; las **O** indican que se toca la **cuerda al aire**. Los puntos muestran la digitación de la mano izquierda (los números de la digitación se escriben debajo de la gráfica).

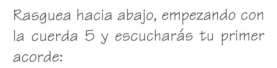
Do

Rasguea hacia abajo, empezando con la cuerda 5 y escucharás tu primer acorde:

Sol

Arquea esos dedos (¡ay!) y rasguea las seis cuerdas para un acorde de Sol:

Re

Mírate los dedos. ¿Siguen arqueados? Asegúrate también de sólo rasguear las cuerdas 4 a 1 para el acorde de Re:

☞ La **progresión armónica** está escrita encima del pentagrama (esta notación es especialmente para los guitarristas) y te indica qué acordes hay que tocar. La notación de los **signos de acordes** (**cifrado**) viene del sistema sajón que presentamos antes. (Aquí, C=Do, G=Sol, D=Re)

51 Ejercicio: acordes

Al igual que con las notas individuales, un acorde cuenta con un valor rítmico. Por ejemplo, un acorde de blancas se toca con un rasgueo y dura por dos tiempos.

En mucha música los acordes siguen cierto orden establecido que se llaman una **progresiones de acordes**. En esta canción la progresión de acordes que se usa es la de Sol-Re-Do:

◆52 Acústico y en directo

El ejemplo que sigue tiene una progresión común de dos compases que es similar a lo que se oye en muchas canciones de rock, tales como «Louie, Louie» y «Wild Thing».

◆53 Tres acordes típicos

Toca las canciones que siguen, leyendo solamente la progresión armónica escrita encima del pentagrama. Rasguea una vez por cada tiempo (cuatro rasgueos por compás). Canta con la melodía...

54 Good Night, My Fans

55 Worried Man Blues

Ahora tócalas otra vez y varía el número de veces que rasgueas durante cada acorde. Por ejemplo, puede que quieras rasguear junto con cada nota de la melodía, o tal vez sólo una vez por cada acorde (o quizás otra combinación de rasgueos).

LECCIÓN 8
Son las cosas pequeñas las que cuentan ...

Los acordes mayores no fueron tan difíciles, ¿no? ¿Qué tal si vemos tres acordes **menores**?

Acordes: Mi menor, La menor, y Re menor

En nuestro sistema se distingue entre los acordes mayores y menores escribiendo 'mayor' o 'menor' después de la nota, por ejemplo, Do menor. En el sistema sajón, al acorde menor se le añade una especie de **sufijo** que te dice qué **tipo** de acorde tocar. Los acordes mayores no se escriben con este sufijo, sólo con la letra en mayúscula (por ej., **G**). Los acordes menores usan el sufijo «m» tras la letra.

Mi menor (Em)

¡Qué fácil! Dale dos veces:

La menor (Am)

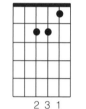
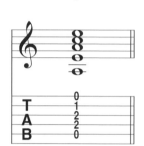

El «La grave» es la nota **base** (la nota más baja) aquí, así que ten cuidado de no tocar la cuerda seis al rasguear:

Re menor (Dm)

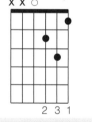

Solamente las cuatro cuerdas más altas ahora (como con Re mayor). Mantén esos dedos arqueados:

☞ PEQUEÑO CONSEJO: Si tu acorde suena mal, lo más probable es que hayas presionado sólo parcialmente una o dos cuerdas. Mírate los dedos y toca cada cuerda una por una para encontrar la cuerda (o las cuerdas) problemática y luego, ajusta los dedos.

Escucha estos acordes en el audio y después tócalos al mismo tiempo...tranquilo, tómate tu tiempo.

◈ Ejercicio: más acordes

57 Acordes, no. 1

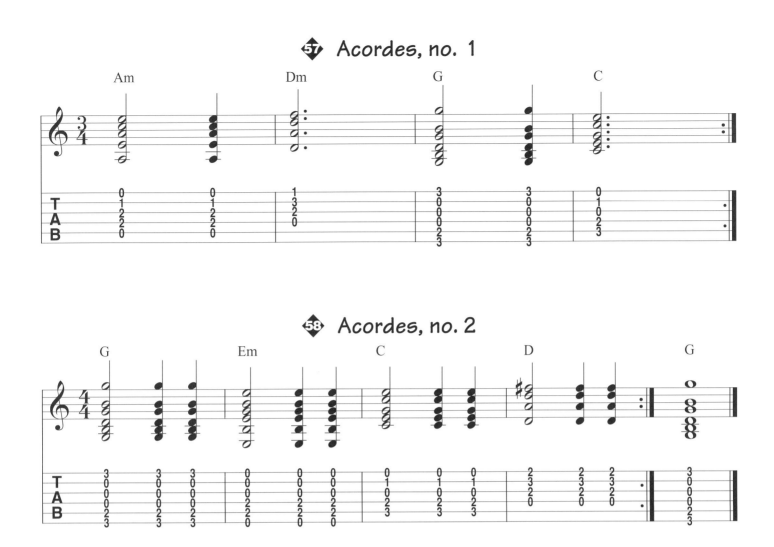

58 Acordes, no. 2

En el próximo ejemplo, trata de usar un **rasgueo hacia arriba** (↑) para la última corchea de cada compás. (Es decir, rasguea hacia arriba, empezando con la cuerda 1).

59 Acordes, no. 3

Una pequeña pregunta...

Como podrás oír (y ver), un acorde mayor no es más grande (ni más importante) que uno menor, es sólo un nombre. Pues, ¿cuál es la diferencia entre ellos? Toca y escúchalos de nuevo ...

RÁPIDO Y FÁCIL: los acordes mayores suenan «felices» y los acordes menores parecen «tristes».

Canta y usa la progresión armónica anotada para rasguear al escuchar las dos canciones que siguen.

61 Scarborough Fair

A veces, los guitarristas prefieren leer los acordes escritos con una **notación de barra oblicua**. (¿Quién no? ¡Es más fácil!) Rasguea una vez por cada signo de repetición (⟋) que veas. La segunda vez que lo toques, sigue la progresión armónica anotada y trata de variar la dirección en que rasgueas, hacia arriba o hacia abajo.

62 Acordes, no. 4

63 Acordes, no. 5

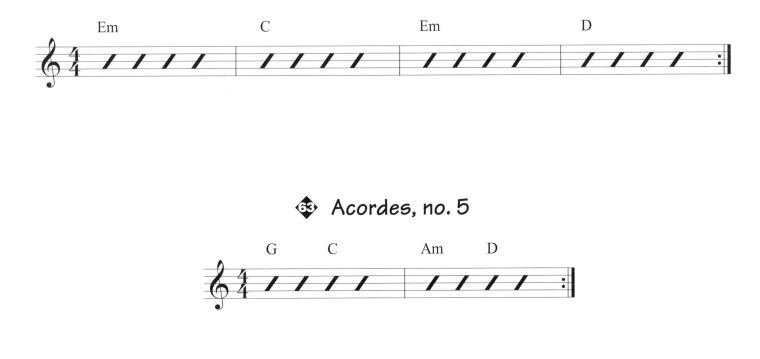

👉 **É**ste es buen momento para descansar, tal vez buscar algo para comer, tomar unos helados. Después regresas y de veras que le echas ganas a esas progresiones de acordes.

LECCIÓN 9
Una última nota...

Las seis cuerdas, los acordes mayores y menores -¡casi sabes todo! Un momento, aquí viene algo nuevo...

Nota: La aguda

Vuelve a la cuerda 1 (Mi), despierta el dedo 4 («¡oye, meñique!») y colócalo en el traste 5.

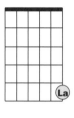

Como puedes ver, el «La agudo» se escribe en la primera línea adicional encima del pentagrama.

La

64 Para que lo practiques

Practica el «La agudo» con el ejercicio a continuación, de una extensión de dos octavas:

65 De La en La en La

¿Te das cuenta de lo que acabas de tocar? Ésa fue tu primera **escala** musical, La menor. ¡Híjole, y fue una escala de dos octavas de extensión!

¿Qué es una escala musical?

Las notas se pueden ordenar en una sucesión de semitonos y tonos de manera específica, formando así una escala. La mayoría de las escalas tienen ocho notas y entre sus dos extremos hay una distancia de una octava. La que acabas de tocar empezó con La y siguió el **orden de escala menor**, por lo tanto, se llama una **escala de La menor**.

Practica los «La agudos» mucho, mucho más, con estas canciones.

66 Danny Boy

Oh, Dan - ny boy, the crowd is cheer - ing for ____ you. ____ Out in their

seats, they wait for you to play. ____ And when you play, you'll

hear them sing - ing with ____ you. You are the best. At least that's what they say.

67 Auld Lang Syne

LECCIÓN 10
¡Qué poder!

Una cosa padrísima que debes saber (y que no te enseñan muchos libros de guitarra para principiantes) es qué son los acordes de 5ª (los **power chords**). Estos tres acordes de 5ª se llaman así en español porque son formados con las quintas (intervalos de 5 notas).

Los acordes de 5a: Mi5, La5, Re5

Sólo tocarás dos cuerdas al mismo tiempo. **Amortiguas o callas** las cuerdas más altas con la palma de la mano derecha, que colocas suavemente encima de esas cuerdas.

Mi5 (E5)

En el traste 2 de las cuerdas 5 y 4, presiona con el dedo 1. Ahora toca solamente las cuerdas 6 y 5.

La5 (A5)

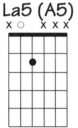

Desplaza el dedo 1 al traste 2 de la cuerda 4 y toca las cuerdas 5 y 4.

Re5 (D5)

Pasa a la cuerda 3 y toca las cuerdas 4 y 3.

68 ¡Ándale!

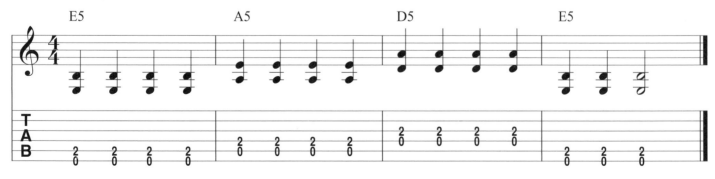

☞ UN PEQUEÑO CONSEJO: Cuando desplaces la mano izquierda hacia abajo una cuerda, hazlo también con la mano derecha.

Toca lentamente, acelera el tempo cada vez que repitas el tema, y acuérdate de mirar la música ¡y no a tus dedos!

🔷 Power Chord Stomp (Acordes de 5a)

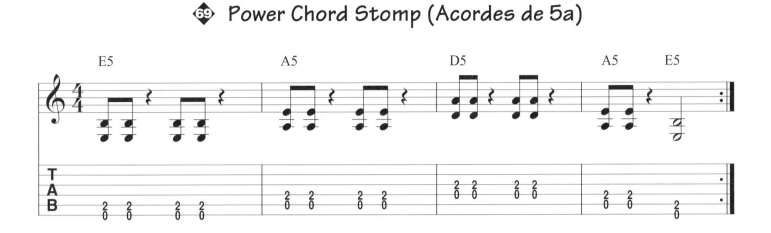

🔷 Muévete al ritmo del rock

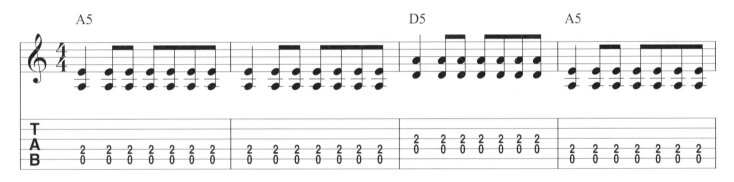

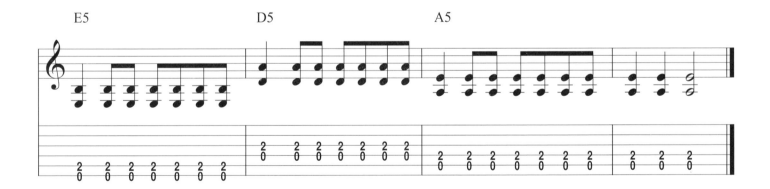

¡Fabuloso! Tócalos otra vez, y por cierto -¡SUBE ESE VOLUMEN!

> OJO: Casi has llegado al final de este libro. Descansa un rato, corre a tu tienda de música y cómprate el segundo libro de esta serie **FastTrack Guitar 2!**
> (No te arrepentirás).

☞

LECCIÓN 11
Hora de que paguen una entrada …

Esto ya no es una lección …¡vamos a improvisar en esta sesión!

La última sección es igual en todos los libros de FastTrack (guitarra, bajo, teclado, batería).
Así que tú puedes tocar sólo con el audio o tú y tus amigos pueden formar una banda.

Ándale, no importa si la banda está en el audio o en tu casa, que empiece el espectáculo …

Exit for Freedom

Billy B. Badd

¡Bravo! ¡Bis, bis!
Acuérdate de practicar a menudo y trata siempre de aprender más acerca de tu instrumento.

¡ESPERA! ¡NO TE VAYAS TODAVÍA!

Aunque esperamos, e imaginamos, que repasarás **todo** este libro una y otra vez, ya nos parecía que estarías deseando tener una hoja que resume todo, incluyendo todos los acordes que has aprendido. Bueno, ¡aquí la tienes!

Las notas de la primera posición:

Los acordes de la primera posición:

Do mayor   Sol mayor   Re mayor   Mi menor   La menor   Re menor   Mi5   La5   Re5

Qué hacer ahora...

Por ultimo, queremos recomendar unas cuantas cosas que te ayudarán a perfeccionar tu conocimiento de la guitarra:

 La repetición es la mejor manera de aprender. Repasa los ejercicios de este libro muchas veces hasta que toques todas las notas y los acordes con facilidad, sin siquiera tener que pensar para hacerlo.

Compra el «Guitar: Book 2», que te enseña muchas más notas, acordes, técnicas, y los fundamentos de la música. Con un poco de suerte, lo podrás encontrar en la misma tienda que tenía este libro.

Compra «Guitar: Chords and Scales », un excelente libro para consultas, con más de 2.000 acordes, además de la teoría básica de los acordes, las escalas, los modos, y progresiones de acordes comunes.

 Compra el cancionero «Guitar: Songbook», que incluye las canciones clásicas de los Beatles, Clapton, Hendrix, Elton John, ¡y más!

 Disfruta de lo que hagas. Se trate de practicar, puntear, improvisar, ejecutar, afinar o hasta limpiar tu guitarra, hazo con una sonrisa —la vida es muy corta.

Hasta la próxima vez...

ÍNDICE DE CANCIONES
(...¿qué libro quedaría completo sin uno?)